AUF DIE TÖPFE, FERTIG, LOS!

Das freche Familienkochbuch mit Annik Wecker

Fotografie: Sandra Irmler

INHALT

Vorwort   4

Wichtigste Zutat: Spaß!   6

Kochlust statt Essensfrust   8

Gerichte für zwischendurch   10

Gerichte zum Sattwerden   20

Party-Highlights   36

Naschen erlaubt   50

Register   62

Impressum   64

VORWORT

Als man mich fragte, ob ich Lust hätte, für Fanta an einem Familien-Koch- und Backbuch mitzuarbeiten, in dem es um viel mehr als „nur" Rezepte geht, war ich sofort begeistert! Denn im Vordergrund dieses Buches steht vor allem der Spaß, den man mit Kindern in der Küche hat.

Das Besondere an dem Projekt: Familien sollten an der Entstehung der Inhalte mitwirken und persönliche Rezepte und Spiele beisteuern. Also hat Fanta einen Aufruf an Eltern gestartet, ihre Ideen einzuschicken. Toll, was sich die Eltern dabei alles einfallen ließen. Zehn Eltern mit den besten Ideen wurden dann zu einem Workshop nach Hamburg eingeladen, wo wir zusammen mit den Kindern einen ganzen Tag lang gebacken, gekocht und gespielt haben. Wie viel Spaß wir dabei hatten, zeigen einige Bilder in diesem Buch, die während des Workshops entstanden und daher besonders authentisch sind. Hier ist nichts gestellt, sondern alles absolut echt!

Was das Buch außerdem für Eltern und Kinder besonders macht: Alle Rezepte zeigen auf, bei welchen Schritten der Zubereitung die Kinder mithelfen können – und welche Spiele sich dabei integrieren lassen. Und es gibt sogar einige Rezepte, bei denen wir die Orangenlimonade Fanta als Zutat verwendet haben.

Was ich allen Eltern als Tipp mit auf den Weg geben möchte: Ich habe ja selbst auch zwei Söhne und weiß, wie schwierig es oft ist, Zeit für besondere Ausflüge und Aktivitäten zu finden. Umso wichtiger ist es, die Kinder auch in alltägliche Situationen wie Backen und Kochen einzubeziehen. Das fördert die Kreativität und das Gemeinschaftsgefühl zwischen Eltern und Kindern, weil man am Ende etwas zusammen geschaffen hat. Ich habe festgestellt, dass man Kindern über trockene Belehrungen und Ratschläge selten etwas vermitteln kann. Sie sollten spielend lernen. In diesem Buch geben daher alle beteiligten Mütter und Väter nützliche Tipps. Neben dem Spaß, den wir über das Buch vermitteln möchten, ist es uns aber auch sehr wichtig, den Familien den respektvollen Umgang mit Nahrungsmitteln nahezulegen und ihnen Anregungen zu bieten, wie man möglichst viele Gerichte ganz schnell mit einfachen Nahrungsmitteln selbst zubereiten kann.

Ich hoffe, dass Sie mit Ihren Kindern beim Kochen und Backen mindestens so viel Spaß haben wie wir beim Ausprobieren der Rezepte und Spiele während des Workshops – und natürlich, dass Ihnen die gemeinsam zubereiteten Gerichte genauso gut schmecken wie uns!

Ihre Annik Wecker

WICHTIGSTE ZUTAT: SPASS!

Wenn Kinder merken, dass das Selberkochen ein großes Vergnügen ist, ist eine ausgewogene Ernährung auf einmal kinderleicht. Es macht nämlich ganz viel Freude, zusammen mit der Familie oder mit den Freunden der Kinder Gerichte auszuprobieren und Zubereitungserfahrungen zu teilen. Das fanden auch die Teilnehmer des Workshops.

» Constantin hat schon als kleines Kind neben dem Herd auf dem Küchentisch gesessen und die elterlichen Koch-Sessions begleitet. Weil er von Anfang an erlebt hat, wie viele Speisen entstehen, probiert er bis heute sehr gerne alles Neue. Sein jüngerer Bruder Julius hatte anfangs etwas mehr Hemmungen zu probieren, die er aber durch das gemeinsame Kochen völlig abgelegt hat. Inzwischen isst er sogar dicke Fische ganz alleine. «

Frank Zeithammer mit Constantin (10) & Julius (8) aus Stuttgart

Heike & Ralf Fricke mit Kevin Tölzer (11) aus Wernigerode

» Kevin und ich lieben vor allem das gemeinsame Essen. Besonders gern grillen wir im Sommer im Garten zusammen, Kevin nimmt dann sofort das Zepter in die Hand. Sei es beim Marinieren des Fleisches, beim Zusammenstecken von Spießen oder am Ende mit der Zange in der Hand als echter Grillmaster! «

Monika Kniep mit Elisa (5) aus Söllingen

» Elisa isst gerne Obst und Gemüse. Deshalb haben wir einen kleinen Obst- und Gemüsegarten, wo Elisa von Anfang an mitgeholfen hat. Es macht ihr und mir besonders viel Spaß, erst die Samen in die Erde zu bringen, dann die Früchte selbst zu ernten und beim Kochen und Backen zu verarbeiten. Aber auch, die Kirschen vom Baum einfach gleich in den Mund zu stecken! «

» Backen und Kochen mit meiner Mutter zu Hause oder meiner Großmutter in Tokyo – das gehört zu meinen schönsten Kindheitserinnerungen. Am liebsten habe ich Hefeteig zu Zöpfen geflochten. Jetzt muss ich lachen, wenn unsere Töchter den Plätzchenteig nicht ausstechen, sondern wie Knete verarbeiten. Sie freuen sich über mein altes Kinder-Nudelholz und lieben es, ihre Mini-Backformen mit Schokokuchenteig zu füllen. Schön für Kinder sind auch einfache Anleitungen wie diese von meiner norddeutschen Oma: »Wart so dünn as Supp« – so flüssig wie Suppe soll der Honigkuchenteig sein. «

Maren Heldt-Klötzke mit Charlotte (6) & Amalia (3) aus Frankfurt

» Bei uns decken die Kinder oft den Tisch. So haben sie das Gefühl, zum leckeren Essen beigetragen zu haben. Das Hantieren mit vollen Töpfen oder heißen Pfannen wollen wir ihnen nicht zumuten. Am liebsten essen sie »Scaloppine alla Milanese«, denn da dürfen sie immer das Panieren übernehmen. «

Regine & Martin Lindemeier mit Amelie (9) & Hans Peter (6) aus Vehlen

Sabine Valenzuela mit Linda (7) aus Köln

» Für alle Rezepte, die ich mit meinen beiden Töchtern zubereite, gilt, dass der Spaß am größten ist, je mehr die beiden selbst machen dürfen. Jeder »Arbeitsschritt« wird ausgekostet und das Endergebnis, auf das sich natürlich alle freuen, ist erst mal zweitrangig. Also besorgen wir unsere Zutaten gemeinsam, sei es, dass sie eben selbst noch eine fehlende Kleinigkeit mit mir einkaufen gehen oder dass wir uns das Obst, das wir brauchen, selbst im eigenen Garten pflücken. «

» Meine Tochter und ich haben immer sehr viel Spaß, wenn wir zusammen kochen, vor allem wenn es sich dabei um Gerichte aus meiner Heimat Ghana handelt. In Afrika wird viel mit Reis oder Grieß gegessen und meist zu späterer Stunde, da es gegen Mittag kaum in der Hitze auszuhalten ist. Manchmal gibt es sogar nur gewürzten Reis ohne Beilage. «

Olivia Adai mit Chanel (6) aus Hamburg

Sandra & Thomas Volkmann mit Olivia (5) aus Fürstenwalde

» Wenn ich mit meiner Tochter Olivia koche oder backe, verbinden wir uns manchmal die Augen und stecken uns gegenseitig Zutaten in den Mund. Der »Blinde« muss dann erraten, was er schmeckt. Das schult total die Geschmacksnerven. «

Tamara Kunow mit Kyra (10) aus Hamburg

» Wenn wir zusammen kochen, dann geht es nicht immer nur ums Mittag- oder Abendessen – manchmal machen wir sogar die Leckerlies für unsere Pferde selbst und freuen uns dann, wenn sie ihnen gut schmecken. «

» Rebecca und ich finden es immer wieder toll, neue Rezepte auszuprobieren oder nur ab und an zu naschen. Dabei spielt es bei Rebecca keine Rolle, ob es süß oder herzhaft ist. Sie würde am liebsten jedes Wochenende einen Kuchen backen, wobei das Beste die Zubereitung ist! «

Elke Thiemann mit Rebecca (9) aus Ahaus

KOCHLUST
statt Essensfrust

Immer nur Nudeln, Pommes und Fischstäbchen? Das ist auf Dauer richtig langweilig! Abwechslung in der Küche ist wichtig – und wenn man ein paar kleine Grundsätze beachtet, macht sie Kindern sogar richtig Spaß. Denn ein Kind, das gemeinsam mit seiner Mutter das Rezept aussucht, mit großem Eifer Möhren raspelt und die Salatsoße rührt, wird beim Essen später kaum protestieren und die zubereiteten Speisen nicht mögen. Kinder haben Spaß am Kochen und Backen! Und wenn sie für ihre Eltern das Raspeln, Rühren oder Reiben übernehmen, haben sie später ganz bestimmt auch Spaß am Essen. Der selbst gezupfte Kopfsalat schmeckt schließlich viel besser als der, den Mama sonst alleine zubereitet. Beim Einkaufen, bei der Vor- und Zubereitung der Speisen, beim Tischdecken oder beim Aufräumen – es gibt so viele Möglichkeiten, Kinder aktiv und spielerisch am Erfolg der gemeinsamen Mahlzeiten zu beteiligen.

SPIELEN ERLAUBT!

Bunte Gemüsestreifen oder frische Kräuter fördern den Appetit – auch auf den häufig unbeliebten Gemüseeintopf. Leuchtend gelb gefärbt mit einer Prise Curry und Kurkuma schmeckt der bräunliche Vollkornreis gleich viel besser. Mit bunten Tupfen aus Radieschen-, Möhren- und Gurkenscheiben wird das Käsebrötchen zum saftigen Leckerbissen. Obstwürfel auf Schaschlikspießen, dekoriert mit ein paar Schokostreuseln, lassen auch Obstmuffel zu Fans werden. Ein kleiner Trick für „Suppenkasper": Alltagsgerichte können mit witzigen Namen aufgepeppt werden. Statt Kartoffelpuffer mit Apfelmus gibt es einfach Holzfällerflöße im Honigmeer. Ein Fleischgericht wird zu einem zünftigen Piratenschmaus, eine Gemüsesuppe zum Hasenallerlei. Mit Essen spielt man nicht? Manchmal doch! Ob Geschmackstest mit verbundenen Augen oder Zutaten-Würfeln für leckere, bunte Schaschlikspieße – bei spielerischen Aktionen am Küchentisch sind Kinder sofort Feuer und Flamme!

SELBST GEMACHT SCHMECKT'S DOPPELT GUT

Pizza, Fischstäbchen und Co. – wenn doch mal die Evergreens der Kinderküche auf den Tisch kommen, kann man sie ganz einfach selbst machen! Kinder, die gemeinsam mit den Eltern einen frischen Fisch kaufen, sehen auch, wie schön Fischschuppen schillern und dass man ihn vor dem Kochen ausnehmen muss. Nur so verstehen Kinder, dass es sich bei einem Seelachs um ein Lebewesen handelt und nicht etwa um eine Fischstäbchen-Vorstufe. Wenn man die Filets dann noch vor dem Essen eigenhändig in Eigelb und Polentagrieß wendet, schmecken die Stäbchen am Ende doppelt so gut wie die Tiefkühlware (Fischstäbchen-Rezept auf Seite 33).

Danke!
Bedanken möchten wir uns an dieser Stelle bei den Teilnehmern der Workshops für die vielen interessanten Tipps, Rezepte und Spiele. Einige davon haben wir in diesem Buch untergebracht.

Mitmachen und Spaß haben!

An der Zubereitung der Rezepte ist gekennzeichnet, wie die Kids mit anpacken können.

Den meisten Kindern macht es Spaß, Tomaten zu waschen, Möhren zu raspeln, die Quarkspeise zu rühren oder Plätzchen zu backen. Durch das Mitmachen entdecken die Kinder den wirklichen Geschmack von Lebensmitteln fernab von künstlichen Geschmacksverstärkern und bekommen Spaß an gut zubereitetem Essen. Dieses Kochbuch bietet viele leckere, bunte und teilweise sogar exotische Rezepte, die sich prima dazu eignen, von Eltern und Kindern gemeinsam gekocht zu werden. Schritt für Schritt wird erklärt, wie die Gerichte zubereitet werden – das Besondere: An der Schriftfarbe erkennt man auf den ersten Blick, welche Zubereitungsschritte die Eltern (schwarz), und welche die Kinder (orange) übernehmen können. Dazu sorgen viele Spielideen, vorgeschlagen von den Teilnehmern des Workshops, für mehr Spaß und Abwechslung in der Küche.

GERICHTE FÜR ZWISCHENDURCH

SÜSSKARTOFFELSUPPE
mit Birnen

Suppen kommen immer gut an, vor allem wenn sie so cremig und lecker schmecken wie diese hier. Über die exotischen Süßkartoffeln lassen sich beim Kochen feine Geschichten erzählen.

Für 3–4 Portionen

1 EL Butter

1 mittelgroße Zwiebel, in kleine Würfel geschnitten

2 Birnen (etwa 500 g), geschält, entkernt und in Würfel geschnitten

750 g Süßkartoffeln, geschält und in Würfel geschnitten

750 ml Gemüsebrühe

100 g Sahne (oder Birnensaft)

2–3 EL Zitronensaft

1 Die Butter in einem Topf erhitzen und die Zwiebeln darin glasig dünsten.

2 Birnen und Süßkartoffeln zugeben und 1–2 Minuten unter Rühren mitbraten.

3 Gemüsebrühe dazugießen und 15–20 Minuten köcheln lassen, bis die Kartoffeln weich sind. Den Topf vom Herd nehmen und alles pürieren. Zum Schluss die Sahne und den Zitronensaft unterrühren und abschmecken.

Tipp: Sie können die Suppe auch mit Äpfeln kochen. Dann sollten Sie sie am Schluss mit Apfelsaft abschmecken.

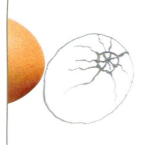

Spieltipp

Eierbicken

Das Spiel ist in anderen Regionen als Eierticken, Eierpecken oder Eiertitschen bekannt und wird oft in der Osterzeit gespielt. Es ist aber auch ein nettes Spiel für eine Kochparty. Dabei hält jedes Kind ein hartgekochtes Ei in der Hand. Immer zwei Kinder »bicken« ihre Eier gegeneinander. Wessen Ei dabei zuerst beschädigt wird, hat verloren und scheidet aus. Der Sieger darf bestimmen, was mit den Eiern gemacht wird: ein leckerer Eiersalat zum Beispiel oder Eierbrote mit Radieschen und Kresse.

BULGURSALAT

Bulgur wird aus Hartweizen gemacht und schmeckt genauso gut wie Nudeln, bringt aber trotzdem ein wenig Abwechslung auf den Speisezettel. Nicht nur beim Rühren können kleine Köche mit anpacken.

Für 4 Portionen

200 g Bulgur
2 TL Salz
6 EL Olivenöl
5 Tomaten
1 kleine Gurke
2 Schalotten
2 Bund Petersilie (70 g)
etwas Minze
Saft von 1 Zitrone (40 ml)
40 ml Apfelsaft
1 Prise Zucker
1 Knoblauchzehe, gerieben

1 Bulgur mit 300 ml Wasser und 1 Teelöffel Salz in einem Topf aufkochen. Ohne Deckel bei niedriger Hitze 5–10 Minuten köcheln lassen, bis das Wasser verschwunden ist. Vom Herd nehmen.

2 Vom Olivenöl 4 Esslöffel unter den Bulgur rühren und alles abkühlen lassen. Zwischendurch mit einer Gabel etwas auflockern.

3 Tomaten in kleine Würfel schneiden, Gurke ebenfalls würfeln. Schalotten fein würfeln und Petersilien- und Minzeblätter hacken. Alles unter den Bulgur mischen.

4 Für das Dressing das restliche Salz, Olivenöl, Zitronensaft, Apfelsaft, Zucker und Knoblauch verrühren und mit dem Bulgursalat vermengen.

Spieltipp

Schmecken

Für dieses Spiel werden kleine Portionen von Speisen auf einem Teller vorbereitet. Ein Kind wird ausgelost. Diesem werden die Augen verbunden. Dann dürfen die anderen Kinder, eventuell mit Hilfe eines Würfels, ein Nahrungsmittel aussuchen. Das Kind mit den verbundenen Augen probiert davon und versucht zu erraten, was es gerade im Mund hat. Es ist ein lustiges Spiel, da es nicht immer einfach ist, nur am Geschmack die Nahrungsmittel zu erkennen. Jedes Kind ist irgendwann an der Reihe. Auch auf Kindergeburtstagen haben wir mit diesem Spiel immer sehr viel Spaß. (Sandra Volkmann)

POLENTAPLÄTZCHEN

Die Plätzchen nach dem Rezept von Tamara Kunow schmecken warm und kalt, mit und ohne Sauce. Ganz nach Geschmack kann man in die Milchbrühe zusätzlich gebratene Schinkenwürfel, Kräuter oder Gemüse geben. Tochter Kyra findet alle Varianten lecker.

Für 12–16 Plätzchen

- 300 ml Gemüsebrühe
- 200 ml Milch
- 150 g Polentagrieß
- 1/2 TL Salz
- Pfeffer
- 80 g Parmesan
- 50 g Butter
- Öl zum Braten

1 Brühe mit Milch zum Kochen bringen und nach und nach den Polentagrieß unterrühren. 5 Minuten bei geringer Hitze und ständigem Rühren quellen lassen. Salzen, pfeffern, Parmesan und Butter unterrühren.

2 Polenta auf einem mit Backpapier ausgelegten Backblech glatt streichen (1–2 cm dick). Anschließend abkühlen lassen.

3 Mit einem (nicht zu kleinen) Keksausstecher nach Belieben Herzen, Kreise oder Ähnliches aus der Polentaplatte ausstechen.

4 Das Öl in einer beschichteten Pfanne erwärmen und die Plätzchen darin von jeder Seite etwa 3 Minuten goldbraun braten.

Tipp: Die Polenta lässt sich besser ausstechen und braten, wenn sie gut gekühlt ist. Daher ist das Gericht gut vorzubereiten, weil das schon am Vortag gemacht werden kann. Die fertig ausgestochenen Plätzchen lassen sich auch gut einfrieren.

Spieltipp

Küchenchef

Jeder in der Familie darf einmal am Wochenende Küchenchef sein und bestimmen, was für ein Menü gekocht wird. Dabei kann er sein Lieblingsgericht auf die Speisekarte setzen und muss dafür bei der Zubereitung helfen.

PIZZABRÖTCHEN
mit Salami und Mozzarella

Pizza ist das Lieblingsgericht ganz vieler Kinder in aller Welt – nur der Belag ist in Indien anders als in Island. Deswegen darf jeder seine Wünsche anmelden und ausprobieren, was ihm besonders gut schmeckt.

Für 10 Pizzabrötchen

- 5 Toasties oder Semmeln
- 1 Glas Tomatensauce (etwa 180 g)
- 1 Tomate
- 10 Scheiben Salami oder Schinken
- 1 kleines Glas Pesto (etwa 100 g)
- 250 g Mozzarella
- Oreganoblättchen, frisch gehackt

1 Den Backofen auf 180 °C Umluft (200 °C Ober-/Unterhitze) vorheizen. Brötchen halbieren und die Tomatensauce auf den Hälften verteilen.

2 Die Tomate in dünne Scheiben schneiden und auf der Sauce verteilen, darüber die Salami oder den Schinken legen. Darauf je einen kleinen Klecks Pesto geben.

3 Den Mozzarella in dünne Scheiben oder feine Würfel schneiden und auf dem Belag verteilen. Mit den gehackten Oreganoblättchen bestreuen.

4 Die Pizzabrötchen auf ein Backblech setzen und auf die mittlere Schiene in den vorgeheizten Ofen schieben. Etwa 20 Minuten backen.

Tipp: Die Beläge für die Pizzabrötchen können natürlich beliebig variiert werden. Mais, Pilze, Paprika, anderer Reibekäse, Wurst, Ananas – im Prinzip eignet sich alles, was den Kindern schmeckt.

GERICHTE ZUM SATTWERDEN

GEMÜSEFRITTATA

Eier allein schmecken oft langweilig. Aber mit Kartoffeln, Paprika und Mais zusammen in der Pfanne kross gebraten, werden die ovalen Alleskönner zum Küchenhit. Sandra Volkmann hat uns das Rezept eines Lieblingsgerichts von Olivia mitgebracht.

Für 3–4 Portionen als Hauptgericht oder 12 Tortenstücke als Snack

400 g festkochende Kartoffeln

200 ml Olivenöl

1/2 rote Paprika, in Würfel geschnitten

1 Zwiebel, in Würfel geschnitten

1 Knoblauchzehe, gehackt

1 kleines Glas Mais (etwa 150 g, abgetropft)

4 Eier

1 TL Salz

Pfeffer

1 Kartoffeln schälen und in gleich dünne Scheiben schneiden. Bis auf 2 Esslöffel das ganze Öl in einer großen Pfanne erhitzen und die Kartoffelscheiben darin frittieren, bis sie gar und goldbraun sind. Das Öl muss richtig heiß sein, sonst saugen die Kartoffeln zu viel Fett auf.

2 Kartoffeln durch ein Sieb abschütten, das Öl dabei auffangen. Die Kartoffeln auf Küchenpapier etwas entölen.

3 Paprika und Zwiebeln in einer Pfanne mit 1 Esslöffel Öl anbraten, Knoblauch und Mais dazugeben und etwa 1 Minute mitbraten. Gemüse aus der Pfanne nehmen. Beiseitestellen.

4 Eier in eine Schüssel schlagen und mit Salz und Pfeffer würzen. Das restliche Öl (1 Esslöffel) in der Pfanne erhitzen und die Eier hineingeben. Kartoffeln und Gemüse darüber verteilen und die Frittata 5 Minuten bei milder Hitze stocken lassen. Dabei alles mit einem Deckel oder Alufolie abdecken.

5 Sobald die Masse an den Seiten fest genug ist, vorsichtig auf eine Platte gleiten lassen. Die Pfanne umgedreht daraufstellen und die Frittata wenden. Von der anderen Seite ebenfalls 5 Minuten braten. Auf einen Teller stürzen und zum Servieren in Stücke schneiden.

Tipp: Das Umdrehen ist nicht so einfach. Die Platte für die Frittata sollte etwas größer sein als die Pfanne, dann geht das Wenden besser. Am besten Topflappen oder Handschuhe verwenden, um die Pfanne anzufassen.

RICOTTA-GNOCCHI

Aus langweiligem Quark lassen sich mit ganz wenigen Zutaten tolle Sachen zaubern. Das weiß auch Frank Zeithammer, der sich beim Kochen gern von Constantin und Julius helfen lässt. Von fleißigen kleinen Händen sind die Gnocchi ganz schnell gerollt. Nur noch ein bisschen braune Butter darüber – lecker!

Für 4 Portionen

500 g Ricotta (ersatzweise Quark, 40% Fett i.Tr.)

1/4 TL Salz

60 g Parmesan, frisch gerieben

2 Eigelb oder 1 ganzes Ei

150 g Vollkornweizenmehl

1 Ricotta in einem Sieb mit Küchenpapier ausgelegt abtropfen lassen – je länger, desto besser.

2 Abgetropften Ricotta, Salz, Parmesan und Eigelb mit einem Kochlöffel verrühren. Zum Schluss das Mehl zugeben und untermengen. Jeweils 1 großen Esslöffel Teig auf ein bemehltes Blech geben und mit etwas Mehl bestäuben.

3 Die Teigklekse vom Blech nehmen und zwischen den Handballen zu einer Rolle formen. Die Rollen in etwa 1 cm lange Gnocchi schneiden. Nach Belieben mit der Gabel ein Gnocchimuster aufdrücken.

4 Wasser in einem großen Topf mit reichlich Salz zum Kochen bringen. Gnocchi mit einem Schaumlöffel in das Wasser geben und die Herdplatte abschalten – das Wasser sollte nur noch simmern. Sobald die Gnocchi nach oben steigen, sind sie fertig und können mit dem Schaumlöffel wieder herausgeholt werden.

Tipps: In den Gnocchiteig können nach Belieben frische gehackte Kräuter (z. B. Schnittlauch) gerührt werden. Besonders gut schmecken die Gnocchi nur mit brauner Butter, weil ihr feiner Geschmack dann am besten zur Geltung kommt. Sie können aber jede andere Nudelsauce (z. B. Basilikumpesto) dazu essen.

Spieltipp

Stopp!

Die Kinder sitzen am Tisch und essen ganz normal – solange die Musik läuft. Sobald die Musik von einem Erwachsenen abgestellt wird, müssen alle Kinder in genau der Stellung verharren, die sie gerade innehatten, bis die Musik wieder anfängt. Bitte nicht zu lange Pausen machen!

NUDELN

Was essen kleine Genießer am liebsten? Nudeln natürlich. Am besten mit einer leckeren Sauce. Die würzige Carbonara-Variante ist eine willkommene Abwechslung nach einem anstrengenden Schul- oder Kindergartentag, das Bohnenpesto gibt Kraft und eine Tomatensauce darf sowieso nie fehlen.

MIT ZUCCHINI-CARBONARA-SAUCE

Für 3–4 Portionen 1 EL Olivenöl + 40 g Frühstücksspeck oder Pancetta, in Würfel geschnitten + 3–4 kleine Zucchini (etwa 400 g), in Scheiben geschnitten + 1/2 Bund Thymian, Blättchen abgezupft + 70 g Sahne + 3 Eigelb + 100 g Parmesan, gerieben + 250 g Nudeln

1 In einer großen Pfanne das Öl erhitzen und den Speck darin anbraten. Die Zucchinischeiben zugeben, mit den Thymianblättchen bestreuen und goldgelb braten.

2 Sahne, Eigelb und die Hälfte vom Parmesan in einer Schüssel vermischen.

3 Nudeln nach Packungsanleitung in Salzwasser gar kochen, abgießen und dabei etwas Kochwasser auffangen. Gekochte Nudeln in der Pfanne mit Speck und Zucchini vermengen. Die Pfanne vom Herd nehmen.

4 Etwas vom Nudelkochwasser und die Eiermischung über die Nudeln geben und alles gut verrühren. Es darf nicht mehr kochen, weil die Eimasse sonst ausflockt und stockt. Restlichen Parmesan und eventuell noch etwas Kochwasser zugeben und sofort servieren.

MIT TOMATENSAUCE

Für 3–4 Portionen 1 EL Öl + 1 Zwiebel, gewürfelt + 1 Knoblauchzehe, gehackt + 1 grüne Paprika, in feine Würfel geschnitten + 1 Gurke, halbiert, Kerne entfernt und in dünne Scheiben geschnitten + 60 g gekochter Schinken (2–3 Scheiben), in feine Würfel geschnitten + 100 ml Fanta + 1 Glas Tomaten in Stücken oder Pizzatomaten (etwa 400 g) + 3 EL Tomatenmark + 1 TL Pfeffer + 2 TL Oregano (frischer schmeckt am besten) + 250 g Nudeln

1 Für die Sauce das Öl in einem Topf erwärmen und die Zwiebel darin glasig dünsten, Knoblauch, Paprika, Gurke und Schinken zugeben und etwa 1 Minute unter Rühren mitbraten.

2 Fanta, Tomaten und Tomatenmark dazugeben und 12 Minuten bei kleiner Hitze und geschlossenem Deckel köcheln lassen, gelegentlich umrühren. Mit Salz nach Geschmack, Pfeffer und Oregano würzen.

3 Die Nudeln nach Packungsanleitung in Salzwasser garen und mit der Sauce servieren.

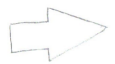

Spieltipp

Essen mit Hindernissen

Vor dem Essen allen am Tisch die rechte Hand an ein Seil binden, sodass zwischen den Händen nur etwa 30–50 cm Abstand bleibt. Jetzt versuchen alle, ganz normal zu essen. Das geht nur, wenn sich die Mitspieler untereinander verständigen.

MIT BOHNENPESTO

Für 3–4 Portionen   3 Bund Basilikum + 40 g Pinienkerne + 1 Knoblauchzehe + 60 g Parmesan + 4 EL Olivenöl + Salz, Pfeffer + 1 Spritzer Zitronensaft + 250 g Nudeln (Penne) + 300 g grüne Bohnen (breite sind am besten), in mundgerechte Stücke geschnitten + 2 EL Zitronensaft + 80 ml Gemüsebrühe, erhitzt + 40 g Parmesan, frisch gerieben

---

1 Für das Pesto die Basilikumblättchen abzupfen und alle Zutaten einschließlich des Zitronensafts in die Küchenmaschine geben und pürieren.

2 Nudeln nach Packungsanleitung in Salzwasser garen und abgießen.

3 Bohnen ebenfalls in gut gesalzenem Wasser kochen und abgießen. Das Pesto in einer großen Schüssel mit Zitronensaft, heißer Gemüsebrühe und den Bohnen verrühren.

4 Die Nudeln in die Sauce geben und alles vermengen. Auf die Teller verteilen. Parmesan über die Nudeln streuen.

Tipps: Das Gericht schmeckt auch lauwarm oder kalt sehr gut. Sie können verschiedene Bohnensorten dafür nehmen.

GRÜNES HÄHNCHENCURRY

Das Curry von Heike Fricke ist mild gewürzt, damit es auch Kindern wie ihrem Sohn Kevin Tölzer schmeckt. Mit etwas Chili kann es aber jeder Esser ganz leicht auf seinen Geschmack abstimmen.

Für 3–4 Portionen

6 Frühlingszwiebeln, geputzt und in grobe Scheiben geschnitten

1 Knoblauchzehe, geschält

25 g Ingwerwurzel

abgeriebene Schale von 1 Bio-Limette

1 EL brauner Zucker

20 g frischer Koriander (nach Belieben)

2 EL Olivenöl

Salz und Pfeffer

180 g Reis (Basmati)

400 ml Kokosmilch

2–3 Hühnerbrüste (etwa 600 g), in 1 cm dicke Streifen geschnitten

125 g Champignons, in Scheiben geschnitten

250 g Broccoli, in Röschen zerteilt

1 Frühlingszwiebeln, Knoblauch, Ingwer, Limettenschale, Zucker, Koriander, Olivenöl in der Küchenmaschine pürieren. Die Currypaste mit Salz und Pfeffer würzen.

2 Den Reis mit der doppelten Menge Wasser und etwas Salz nach Geschmack zum Kochen bringen und bei kleiner Hitze und geschlossenem Deckel garen, bis er das Wasser aufgesogen hat.

3 Die Currypaste mit der Hälfte der Kokosmilch in einem Wok oder einem großen Topf erhitzen. Die Hühnerbruststreifen dazugeben und 3–4 Minuten garen. Restliche Kokosmilch zugeben. Aufkochen.

4 Sobald das Curry kocht, die Hitze reduzieren und die Pilze dazugeben. 2 Minuten garen und anschließend die Brokkoliröschen unterrühren. 8–10 Minuten weiterköcheln, bis das Gemüse fertig gegart, aber noch bissfest ist. Mit Salz und Pfeffer abschmecken und zum Reis servieren.

Tipp: Für dieses Currygericht eignen sich viele Gemüsesorten. Statt Brokkoli kann man auch einfach sein Lieblingsgemüse ausprobieren, wie Erbsen, Zucchiniwürfel, Möhren- oder Paprikastückchen.

BACKOFENKARTOFFELN
mit Käse-Brokkoli-Sauce

Knusprig gebackene Kartoffeln aus dem Ofen machen satt und schmecken ganz köstlich. Und alle können mithelfen, damit das Essen auch gelingt.

Für 4–6 Portionen

- 6 große Kartoffeln
- etwas Olivenöl
- 300 g Brokkoli, in Röschen zerteilt
- 400 g Reibekäse
- 6 EL Sauerrahm
- Pfeffer
- 6 Butterflocken

1 Backofen auf 200 °C Umluft (220 °C Ober-/Unterhitze) vorheizen. Kartoffeln abschrubben, rundum mit Olivenöl einpinseln und dann mit einer Gabel einstechen. In Alufolie wickeln und auf ein Backblech legen.

2 Auf der mittleren Schiene in den vorgeheizten Ofen schieben. Die Kartoffeln sind nach etwa 60–75 Minuten fertig gebacken und in der Mitte weich. Das kann man mit einem Holzspieß testen. Die fertigen Kartoffeln aus dem Ofen nehmen.

3 Für die Füllung die Brokkoliröschen 4 Minuten in kochendes Salzwasser geben, abgießen und sofort mit dem Käse und dem Sauerrahm vermischen. Mit Pfeffer abschmecken.

4 Folie öffnen, Kartoffeln oben kreuzförmig einschneiden und mit geschützten Händen von unten dagegendrücken, damit sie sich etwas öffnen. Je 1 Butterflocke auf jede Kartoffel geben und die Füllung darauf verteilen.

Spieltipp

Häppchen-Hüpfen

Auf einer Tortenplatte oder einem Backblech wird ein langes Stück dickes Garn in einer beliebigen Form (Kreis, Spirale, Schlange etc.) ausgelegt, ohne dass der Faden sich irgendwo berührt. Auf dem Faden werden nun verschieden Häppchen (in der Zahl teilbar durch die Menge der Teilnehmer) platziert, die gut oder nicht so gut schmecken. Nicht so gut schmecken z. B. ein Brotwürfelchen mit Senf, ein Stückchen Petersilie, ein Mini-Stück Kohlrabi. Was gut schmeckt ist ziemlich klar – alles Süße von der Schokolade bis zum Mini-Kuchenstückchen. Darauf achten, dass mehr Leckerbissen ausgelegt sind als weniger gute Sachen. Dann wird reihum gewürfelt. Jeder Mitspieler muss, am Fadenanfang beginnend, das durch die gewürfelte Zahl erreichte Häppchen essen. Das Spiel endet, wenn alle Häppchen aufgegessen sind.

FISCHSTÄBCHEN

Fischstäbchen gehen ganz schnell und kommen aus der Packung. Das Erste stimmt, das Zweite nicht – Fischstäbchen selber brutzeln ist gesund, macht Spaß und schmeckt richtig klasse.

Für 4 Portionen

400 g fester, weißer Fisch (z. B. Seelachs)

100 g Polentagrieß

2 TL Cajun-Gewürzpulver oder Paprikapulver

Salz, Pfeffer

1 Ei, verquirlt

Olivenöl

1 Den Fisch in 1–2 cm breite Streifen schneiden. Polentagrieß in einem tiefen Teller mit den Gewürzen mischen. Fischstückchen erst im Ei und dann in der Panade wälzen.

2 In einer Pfanne das Öl erhitzen. Fischstäbchen bei mittlerer Hitze von jeder Seite 5 Minuten braten. Die Fischstäbchen sollten goldbraun und gar sein.

ROHKOSTSALAT

Für 4 Portionen

200 g Möhren, geraspelt

200 g Weißkohl, geraspelt

150 g Apfel, geschält und geraspelt

2 EL Zitronensaft

150 g Quark

3 EL Leinöl

1/2 TL Salz

1/2 TL Kurkuma

1 EL Honig

Pfeffer

1 Möhren, Kohl und Äpfel in eine Schüssel füllen und mit 1 Esslöffel Zitronensaft mischen.

2 Für das Dressing alle übrigen Zutaten vermischen und anschließend gut mit dem Gemüse vermengen.

Spieltipp

Stäbchenessen

Essen mit Stäbchen ist gar nicht so leicht und kann viel Spaß machen. Dazu eignet sich z. B. fein geschnittenes Wok-Gemüse oder auch ein Rohkostsalat.

ERDNUSS-SUPPE

Das ist ein Rezept aus Ghana, das uns Familie Adai mitgebracht hat. Die würzige Hühnersuppe schmeckt sicher nicht nur Chanel, sondern auch anderen Kindern und großen Genießern.

Für 8–10 Portionen

- 1 Suppenhuhn
- 3 Zwiebeln, in Würfel geschnitten
- 1/2 TL Pariser Pfeffer
- 1 l Gemüsebrühe
- Salz
- 1/2 Glas Erdnussbutter (etwa 150 g)
- 2–3 Tassen Wasser
- 1 Packung Tomatenpüree (etwa 400 g)

1 Das Suppenhuhn grob zerkleinern. Nach Belieben die Knochen entfernen und das Fleisch in Stücke schneiden.

2 Die Hühnerstücke mit der Zwiebel in einen Topf geben und mit der Gemüsebrühe vermengen. Nach Geschmack salzen und auf den Herd stellen. Aufkochen und etwa 20 Minuten kochen, bis das Fleisch gar ist.

3 Mit einem Löffel die Erdnussbutter aus dem Glas holen und in einen kleinen Topf geben. Auf den Herd stellen, 2–3 Tassen Wasser hinzufügen und bei mittlerer Hitze fleißig rühren, bis sich die Erdnussbuttermasse mit dem Wasser vermischt hat und ganz sämig geworden ist.

4 Die Erdnussbuttersauce und das Tomatenpüree zum Hühnerfleisch in den großen Topf schütten. 1 Liter Wasser dazugeben. Auf kleiner Flamme köcheln, bis die Suppe sämig ist. Nach Belieben mit Salz abschmecken.

Tipp: In Ghana isst man je nach Vorliebe gekochten Gries oder Reis zu dieser leckeren Suppe.

Spieltipp

Fantasiespiel

Wenn unsere Kinder beim Essen trödeln oder ihnen das Essen nicht so schmeckt, machen wir oft ein Fantasiespiel aus dem Essen: Ich fange meistens an und sage z. B.: »Auf dem nächsten Löffel sind Spinnen.« Die Kinder sind dann meistens sofort Feuer und Flamme und denken sich alle möglichen und unmöglichen Dinge aus. Wir bleiben meistens bei einem Oberbegriff (z. B. Insekten, eklige Tiere, Pflanzen), sodass die Kinder mit großem Eifer überlegen können, was noch auf den Löffeln in die Futterluke (den Mund) gesteckt werden kann. Das Essen geht dann meistens bei guter Laune viel zu schnell zu Ende und der Teller ist wie durch ein Wunder ruckzuck leer. (Elke Thiemann)

MINI-QUICHES

Klein, rund, lecker, passt gut auf die Hand, einfach vorzubereiten und schnell gebacken: Das sind die knusprigen Mini-Quiches. Wenn alle helfen, werden sie auch ganz fix fertig.

MÖHREN-QUICHES

Für 12 Quiches 1 Rolle Pizzateig (400 g) + 2 große Möhren, geraspelt + 200 g Crème double oder Sahne + 2 Eier + 1 EL Kokosflocken + 2 EL Petersilie, gehackt + 1 TL Salz + Pfeffer

1 Den Backofen auf 160 °C Umluft (180 °C Ober-/Unterhitze) vorheizen. Muffinblech einfetten. Zur Sicherheit in jede Mulde einen Streifen Backpapier legen, damit sich die Quiches später besser lösen lassen.

2 Pizzateig mit einem Nudelholz etwas dünner ausrollen und mit einem Glas Kreise von etwa 10 cm Durchmesser ausstechen. Die Kreise in die Mulden legen und an den Seiten etwas festdrücken.

3 Möhren, Sahne, Eier, Kokosflocken, Petersilie, Salz und Pfeffer verrühren und auf die Quiches verteilen. Auf der mittleren Schiene im vorgeheizten Backofen 25 Minuten backen.

QUARK-QUICHES

Für 12 Quiches 1 Rolle Pizzateig (400 g) + 200 g Quark + 80 ml Sahne + 70 g Zucker + 2 Eier + 1/4 TL gemahlene Vanille + 1 Prise Salz + 1 EL Zitronensaft + 1 TL abgeriebene Schale von 1 Bio-Zitrone

1 Den Backofen auf 160 °C Umluft (180 °C Ober-/Unterhitze) vorheizen. Muffinblech einfetten. Zur Sicherheit in jede Mulde einen Streifen Backpapier legen, damit sich die Quiches später besser lösen lassen.

2 Pizzateig mit einem Nudelholz etwas dünner ausrollen und mit einem Glas Kreise von etwa 10 cm Durchmesser ausstechen. Die Kreise in die Mulden legen und an den Seiten etwas festdrücken.

3 Quark, Sahne, Zucker, Eier, Vanille, Salz, Zitronensaft und -schale verrühren und auf die Quiches verteilen. Auf der mittleren Schiene im vorgeheizten Backofen 25 Minuten backen.

Tipp: Sie können statt des Pizzateigs bei allen Quicherezepten auch eine Rolle Blätterteig aus der Kühltheke nehmen (etwa 270 g).

Spieltipp

Eiswürfelspiel

Es steht eine Schale mit leicht angeschmolzenen Eiswürfeln auf dem Tisch. Gewonnen hat, wer zuerst fünf Stück übereinander gestapelt hat. Der Sieger darf sich dann z. B. sein Lieblingsessen wünschen. (Tamara Kunow)

PILZ-QUICHES

Für 12 Quiches 1 Rolle Pizzateig (400 g) + 1 EL Öl + 3 Frühlingszwiebeln, in feine Streifen geschnitten + 80 g Frühstücksspeck, in feine Würfel geschnitten + 5 große Champignons, in Scheiben oder Würfel geschnitten + 3–4 Zweige Thymian, nur die Blättchen + 50 g Pecorino, frisch gerieben (ersatzweise Parmesan) + 1 Ei + 200 g Sahne oder Crème double + 1/2 TL Salz + Pfeffer

1 Den Backofen auf 160 °C Umluft (180 °C Ober-/Unterhitze) vorheizen. Muffinblech einfetten. Zur Sicherheit in jede Mulde noch einen Streifen Backpapier legen.

2 Pizzateig mit einem Nudelholz etwas dünner ausrollen und mit einem Glas Kreise von etwa 10 cm Durchmesser ausstechen. Kreise in die Mulden legen, an den Seiten festdrücken.

3 Das Öl in einer Pfanne erhitzen, Zwiebeln glasig dünsten, Speck zugeben und etwas anbraten. Anschließend die Pilze und den Thymian ebenfalls etwas anbraten.

4 Etwas Pecorino zur Seite stellen. Ei, Sahne, den restlichen Pecorino, Salz und etwas Pfeffer miteinander verrühren.

5 Die Pilzfüllung in den Quicheformen verteilen und die Eiermischung darübergeben. Mit Pecorino bestreuen und auf der mittleren Schiene im vorgeheizten Backofen 25 Minuten backen.

SPIESSE

Eine wunderbar spielerische Möglichkeit zusammen ein spannendes Essen zuzubereiten, sind die verschiedenen Spieße. Dabei hängen die Zutaten von den Vorlieben der Kinder ab: Alles wird einfach in Würfel geschnitten und auf Holzstäbchen gesteckt. Beim Würfelspiel ergeben sich dann leckere Kombinationen.

HOT-DOG-SPIESSE

Für 4 Portionen   2 Gewürzgurken + 4 Strauchtomaten + 1 Romanasalat (o. Ä.) + 12 Mini-Wienerwürstchen + 6 Scheiben Toastbrot + 2 EL Mayonnaise + 2 EL Ketchup + 3 EL Röstzwiebeln

1 Gurken und Tomaten in etwa 5 mm dicke Scheiben schneiden. Salat in kleine Stücke zupfen. Würstchen nach Belieben im Wasser erwärmen, braten oder kalt lassen.

2 Toastbrot toasten oder unter dem Backofengrill etwas anrösten und jeweils in vier Teile schneiden. Etwas Mayonnaise oder Ketchup auf die Toastviertel streichen.

3 Je 1 Tomatenscheibe, 1 Gurkenscheibe, 1 Salatblatt auf die Brotscheiben legen und zum Schluss 1 Würstchen obendrauf setzen. Alles mit einem Zahnstocher feststecken.

4 Zum Schluss die Spieße mit den Röstzwiebeln bestreuen und eventuell mit Salz und Pfeffer würzen.

HAMBURGER-SPIESSE

Für 4 Portionen   2 Gewürzgurken + 4 Strauchtomaten + 1 Romanasalat (o. Ä.) + 12 Mini-Frikadellen + 6 Scheiben Toastbrot + 2 EL Ketchup + 2 EL Senf + 3 EL Röstzwiebeln

1 Gurken und Tomaten in etwa 5 mm dicke Scheiben schneiden. Salat in kleine Stücke zupfen. Frikadellen nach Belieben in der Pfanne erwärmen oder kalt lassen.

2 Toastscheiben toasten oder unter dem Backofengrill etwas anrösten und jeweils in vier Teile schneiden. Die Toastviertel mit etwas Ketchup und Senf bestreichen.

3 Für jeden Spieß 1 Tomatenscheibe, 1 Gurkenscheibe, 1 Salatblatt und 1 Frikadelle aufeinanderlegen. Alles mit einem Holzspießchen durchstechen und mit Röstzwiebeln bestreuen.

Spieltipp

Zutaten würfeln

Alle Zutaten werden in kleinen Schälchen auf dem Tisch verteilt. Jedes Schälchen bekommt eine Zahl von 1 bis 12 zugeteilt. (Wenn es mehr als 6 Schälchen sind, braucht man 2 Würfel.) Jeder Mitspieler erhält zu Beginn 1 Toastviertel und 1 Holzspießchen oder Zahnstocher. Dann wird im Uhrzeigersinn gewürfelt. Jeder darf sich aus dem Schälchen mit der gewürfelten Zahl eine Zutat herausnehmen und auf die Toastscheibe legen. Wer genug Zutaten zusammen hat, spießt alles auf und kann dann sein Spießchen essen.

KETCHUP

Für etwa 2 große Gläser (850 g)   1 kg Tomaten + 2 säuerliche Äpfel + 1 Zwiebel + 1 EL Öl + 3 EL Tomatenmark + 3 EL Balsamico-Essig + 1 EL Honig + 10 Basilikumblättchen, fein geschnitten + Salz, Pfeffer, Paprikapulver

1 Die Tomaten kurz in kochend heißes Wasser legen, schälen und vierteln. Die Äpfel waschen und reiben oder klein würfeln.

2 Zwiebel fein würfeln und im Öl glasig schmoren. Tomaten, Äpfel, Tomatenmark, Balsamessig, Honig und Basilikum zu den Zwiebelwürfeln geben und aufkochen. 25 Minuten köcheln lassen, bis eine sämige Soße entsteht.

3 Zum Schluss nach Belieben mit Salz, Pfeffer und Paprika würzen und in Gläser mit Schraubverschluss füllen. Der Ketchup ist im Kühlschrank etwa 2 Wochen haltbar.

Tipp: Wer es sich leichter machen will, nimmt passierte Tomaten aus dem Tetrapack.

OBSTSPIESSE

Für 4 Portionen   2 Bananen + 8 große Weintrauben + 8 Erdbeeren + 300 g Honigmelone + 200 g Vollmilchschokolade, in Stücke gebrochen

1 Bananen schälen und in 12 Stücke schneiden. Weintrauben und Erdbeeren waschen, Erdbeerstrunk abzupfen. Honigmelone in 8–12 Würfel schneiden.

2 Topf mit Wasser erhitzen. Vollmilchschokolade in einer Schüssel über dem Wasserbad schmelzen. Flüssige Schokolade auf ein Stövchen stellen, damit sie flüssig bleibt.

3 Je 3 Stücke Banane, 2 Trauben, 2 Erdbeeren und 3 Melonenwürfel nacheinander auf einen langen Holzspieß stecken und in die flüssige Schokolade tunken.

Tipp: Für die Schokolade am besten ein hohes Gefäß nehmen. Dort können die Spieße besser eingetaucht werden.

BROT BACKEN

Mit Brotteig lässt sich ganz viel anstellen: Egal, ob Grissini, Chips, Brezeln oder Suppenschälchen – überall können die Kinder die Hände im Teig haben.

BROT-GRUNDREZEPT

Für 1 Kastenbrot, 4 Stangenbrote oder 8 Brötchen
500 g Mehl + 20 g Hefe + 2 TL Salz + 2 TL Zucker

1 Mehl in eine Schüssel geben und in der Mitte eine Mulde formen, Hefe hineinbröckeln und Zucker zugeben. Mit 50 ml lauwarmem Wasser bedecken und die Hefe umrühren, bis sie sich aufgelöst hat. 15 Minuten abgedeckt an einem warmen Ort gehen lassen.

2 Weitere 250 ml lauwarmes Wasser und Salz zum Teig geben und kneten, bis sich die Masse vom Schüsselrand löst. Erneut an einem warmen Platz gehen lassen, bis sich das Teigvolumen deutlich vergrößert hat. Den Backofen auf 180 °C Umluft (200 °C Ober-/Unterhitze) vorheizen.

3 Dann den Brotteig in eine Kastenform füllen oder Brötchen bzw. Stangenbrote formen und auf ein Blech mit Backpapier legen. Noch einmal 10 Minuten gehen lassen.

4 Brot je nach Form (in der Kastenform etwa 45 Minuten, als Brötchen/Stangenbrot nur 20 Minuten) auf der mittleren Schiene im vorgeheizten Backofen backen. Eine feuerfeste Form mit Wasser in den Ofen stellen, denn der Teig geht mit Wasserdampf besser auf.

Tipp: Für süßes Brot einfach das Wasser durch Milch ersetzen und 100 g Zucker zum Teig dazugeben.

GRISSINI

Für 4 Bleche (à 12 Grissini) 1 Brot-Grundteig (siehe links) + grobes Salz + Mohn-, Sesam- oder Leinsamen

1 Den Teig 1 cm dick ausrollen und in etwa 1 cm breite Streifen schneiden. Den Backofen auf 180 °C Umluft (200 °C Ober-/Unterhitze) vorheizen.

2 Streifen mit beiden Händen zu Stangen rollen und auf ein mit Backpapier ausgelegtes Blech legen. Mit Wasser bepinseln und nach Belieben mit grobem Salz, Mohn, Sesam, Leinsamen o. Ä. bestreuen.

3 Das Blech auf die mittlere Schiene in den vorgeheizten Backofen schieben und die Grissini etwa 20 Minuten backen.

BROTCHIPS

Für 4 Bleche Chips   1 Brot-Grundteig (siehe Seite 42) + Sesam oder Leinsamen nach Geschmack + Nussöl/Olivenöl + Kräuter, Gewürze, grobes Salz

1 Nach Geschmack ein bisschen Sesam oder Leinsamen unter den fertigen Brotteig kneten. Den Teig ganz dünn ausrollen und auf ein mit Backpapier ausgelegtes Backblech legen. Den Backofen auf 200 °C Umluft (220 °C Ober-/Unterhitze) vorheizen.

2 Die Teigplatte nach Belieben mit Öl und/oder Kräutern, Gewürzen und/oder grobem Salz bestreuen.

3 Das Blech auf die mittlere Schiene in den vorgeheizten Backofen schieben und etwa 10–15 Minuten goldbraun backen. Herausnehmen, abkühlen lassen und die Teigplatte in Stücke brechen.

BREZELN

Für 8 Brezeln   1 Brot-Grundteig (siehe Seite 42) + 30 g Natron + grobes Salz

1 Den fertigen Brotteig etwa 2 cm dick ausrollen und in 8 Streifen schneiden. Den Backofen auf 160 °C Umluft (180 °C Ober-/Unterhitze) vorheizen.

2 Die Streifen rund rollen und zu Brezeln schlingen.

3 In einem Topf 1 Liter Wasser zum Kochen bringen, vom Herd nehmen und das Natron hineingeben. Die Brezeln mit einem Schaumlöffel etwa 1 Minute darin schwenken und auf ein mit Backpapier ausgelegtes Backblech legen. Salz über die Brezeln streuen.

4 Das Blech auf die mittlere Schiene in den vorgeheizten Backofen schieben und die Brezeln etwa 20 Minuten backen, bis sie schön braun sind.

 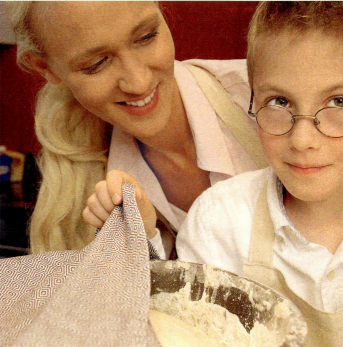

BAGELS

Für 8 Bagels 1 Brot-Grundteig (siehe Seite 42) + 1 Ei + Kräuter, Mohn-, Sesamsamen

---

1 Aus dem Teig 8 Kugeln formen. In die Mitte mit dem Daumen ein Loch stechen und aus den Kugeln Ringe formen. (Das Loch sollte etwa 5 cm Durchmesser haben.) Die Bagel auf ein mit Backpapier ausgelegtes Blech legen und 10 Minuten gehen lassen. Den Backofen auf 160 °C Umluft (180 °C Ober-/Unterhitze) vorheizen.

2 Wasser zum Kochen bringen und die Bagels nacheinander jeweils 30 Sekunden mit dem Schaumlöffel ins kochende Wasser geben, anschließend wieder auf das Blech mit Backpapier legen.

3 Die Bagel mit verquirltem Ei bepinseln und mit Kräutern, Mohn oder Sesam bestreuen.

4 Auf der mittleren Schiene in den vorgeheizten Backofen schieben und die Bagels etwa 25 Minuten backen.

SUPPENSCHALEN

Für 4 Suppenschalen 1 Brot-Grundteig (siehe Seite 42) + Butter oder neutrales Öl zum Einfetten

---

1 Den Teig kneten, gehen lassen und ausrollen. 4 feuerfeste Müslischalen von außen gut einfetten. Den Backofen auf 160 °C Umluft (180 °C Ober-/Unterhitze) vorheizen.

2 Den Teig in 4 Teile schneiden und nicht zu dünn auf die Außenseiten der Schalen legen. Solange mit den Händen formen, bis die Teig die Müslischalen genau umschließt.

3 Die Schalen mit der Öffnung nach unten auf ein mit Backpapier ausgelegtes Blech setzen. In den vorgeheizten Backofen schieben und die Schalen 20 Minuten backen.

4 Herausnehmen, auskühlen lassen und die Teigschalen vom Porzellan abnehmen.

PFANNKUCHEN

Pfannkuchen mögen fast alle Kinder – je nach Vorliebe und Laune mal süß und mal salzig. Und auf einem Fest kann man die gerollten Köstlichkeiten auch ausnahmsweise einfach aus der Hand genießen.

PFANNKUCHEN-GRUNDREZEPT

Für 5 Pfannkuchen mit 24 cm Ø   100 g Weizen- oder Dinkelmehl + 100 ml Milch + 2 Eier + 2 EL Öl + 1 Prise Salz + 1 Prise Zucker + Öl zum Braten

1 Für die Pfannkuchen Mehl mit Milch glatt rühren. 50 ml Wasser, Eier, Öl und Salz dazugeben und verrühren, bis ein dünnflüssiger, glatter Teig entstanden ist. 20 Minuten ruhen lassen. Teig bei Bedarf mit etwas Milch verdünnen.

2 Öl in einer Pfanne erhitzen und einen Löffel Teig hineingeben und die Pfanne etwas hin und her bewegen, sodass sich der Teig verteilt. Wenn der Pfannkuchen anfängt zu bräunen, wenden und auch von der anderen Seite kurz bräunen. Die fertigen Pfannkuchen auf einen Teller legen und mit Alufolie abdecken.

SALZIGE PFANNKUCHENRÖLLCHEN

Für 5 Pfannkuchen mit 24 cm Ø   1 Pfannkuchen-Grundteig (siehe links) + 1 kleine Gurke (200 g) + je 1/2 Bund Minze, Petersilie und Dill + 1 Knoblauchzehe + 2 Scheibe entrindetes Toastbrot + 100 g Feta + 150 g Joghurt + 30 g Pinienkerne, geröstet

1 Pfannkuchenteig in der Pfanne zu Pfannkuchen backen.

2 Gurke waschen, schälen und raspeln, in einem Sieb gut abtropfen lassen, beiseitestellen. Kräuter hacken, Knoblauch auspressen, Toast zerbröseln und Feta zerbröckeln. Die Zutaten mit Joghurt, Pinienkernen und 100 g von der abgetropften Gurke verrühren.

3 Füllung auf den Pfannkuchen verteilen und diese so eng wie möglich aufrollen. Im Kühlschrank 1 Stunde fest werden lassen.

4 Pfannkuchenröllchen schräg in Scheiben schneiden und durch die Röllchen einen Zahnstocher stecken, damit sie zusammenhalten.

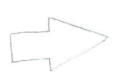

Spieltipp

Figurenraten

Pfannkuchen müssen nicht immer rund sein. Ein lustiges Spiel ist es, mit der Schöpfkelle etwas Teig in die Pfanne zu gießen, sodass Figuren entstehen. Die anderen müssen dann raten, was der Pfannkuchen darstellen soll. Jeder Spieler darf anschließend seinen Pfannkuchen mit einer Wunschfüllung aufessen, das macht auf jeden Fall Spaß.

APFELPFANNKUCHEN
aus dem Ofen

Apfelpfannkuchen schlagen zwei Fliegen mit einer Klappe, wie Regine Lindemeier aus eigener Erfahrung weiß: Sie schmecken köstlich – und ein paar gesunde Äpfel sind darin auch noch versteckt. Amelie und Hans Peter macht es besonders viel Spaß, den Teig auf die Äpfel zu gießen.

Für 2 Pfannkuchen mit 28 cm Ø

- 1 Pfannkuchen-Grundteig (siehe Seite 46)
- 1 Prise gemahlene Vanille
- 4 Äpfel
- 2 EL Butter
- 1 TL Zimt
- 3 EL Zucker

1 Pfannkuchenteig anrühren. Vanille in den Teig rühren. Backofen auf 160 °C Umluft (180 °C Ober-/Unterhitze) vorheizen.

2 Äpfel schälen, vierteln, entkernen und in Spalten schneiden. Für 1 Apfelpfannkuchen 1 EL Butter, 1 EL Zucker und 1/2 TL Zimt in einer feuerfesten Pfanne, die in den Backofen passt, schmelzen. Die Hälfte der Äpfel dazugeben und 3–5 Minuten darin braten.

3 Die Hälfte des Pfannkuchenteigs über die Äpfel geben, mit der Pfanne auf die mittlere Schiene in den vorgeheizten Backofen stellen und 8–10 Minuten backen, herausnehmen, auf einen Teller gleiten lassen. Den zweiten Pfannkuchen genauso backen.

4 Den restlichen Zucker mit etwas Zimt mischen und über die fertigen Apfelpfannkuchen streuen.

WASSERMELONENBOWLE

Für etwa 1,8 Liter Bowle

1 kleine Wassermelone

300 g frische Himbeeren

200 ml Fanta

1 Orange, in Scheiben geschnitten

20 frische Minzeblätter

20 Eiswürfel

einige Himbeeren zum Garnieren

1 Die Melone halbieren, in Spalten schneiden und schälen. Das Fruchtfleisch würfeln, dabei die Kerne entfernen. 1 kg vom Fruchtfleisch mit den Himbeeren im Mixer pürieren. Das Püree in einem Sieb über einer Schüssel abtropfen lassen.

2 Fruchtpüree in ein Bowlengefäß umfüllen und mit Fanta aufgießen. Orangenscheiben, Minze, Eiswürfel und die restlichen Himbeeren dazugeben.

Tipp: Schneidet man von der Melone den Deckel ab und höhlt sie mit einem Esslöffel aus, kann man sie als Bowleschüssel zum Servieren benutzen. Das Entkernen ist dann jedoch etwas schwieriger.

NASCHEN ERLAUBT

SÜSSIGKEITEN

Süßes ist ein großer Verführer und bei Schokolade werden große und kleine Leckermäuler ganz schnell schwach. Wie viel Spaß es macht, solche Kleinigkeiten selbst herzustellen, zeigen die folgenden Rezepte.

SCHOKOLOLLIES

Für 8 Lollies   200 g Schokolade nach Geschmack

1 Einen Topf mit etwas Wasser füllen. Eine Metallschüssel auf den Topf stellen, sie sollte das Wasser nicht berühren.

2 Die Schokolade zerbröckeln und in die Schüssel geben.

3 Das Wasser erwärmen und die Schokolade über dem Dampf schmelzen.

4 Die flüssige Schokolade in einen Eiswürfelbehälter füllen.

5 Wenn die Schokolade wieder fest zu werden beginnt, je 1 Holzstäbchen in jedes Eiswürfelquadrat stecken.

HONIGPOPS-PINIEN-PRALINEN

Für 15–20 Stück   100 g Schokolade + 20 g Pinienkerne, geröstet + 30 g Honigpops

1 Schokolade über dem Wasserbad schmelzen. Die Pinienkerne und die Honigpops zugeben und verrühren, bis sich die Schokolade überall gut verteilt hat.

2 Mit einem Teelöffel kleine Häufchen auf Backpapier setzen und fest werden lassen.

Spieltipp

Süßigkeiten-Memory

Man benötigt eine größere Anzahl gleicher Becher (ausgewaschene Joghurtbecher, Pappbecher o. Ä.), eine größere Auswahl an Süßigkeiten in Mini-Portionen, die jeweils zweimal unter den Bechern versteckt werden und einen Würfel. Wer die höchste Zahl würfelt, fängt mit dem Aufdecken der Becher an. Wer zwei gleiche Süßigkeiten aufdeckt, darf sie sofort wegnaschen.

CORNFLAKES-MANDEL-PRALINEN

Für 15–20 Stück   100 g Schokolade nach Geschmack + 20 g Mandeln, geröstet und gehackt + 30 g Cornflakes

1 Schokolade über dem Wasserbad schmelzen. Die Mandeln und die Cornflakes zugeben und verrühren, bis sich die Schokolade überall gut verteilt hat.

2 Mit einem Teelöffel kleine Häufchen auf Backpapier setzen und fest werden lassen.

GEBRANNTE MANDELN

Für 6–10 Portionen   200 g Zucker + 1/4 TL gemahlene Vanille + 1 Prise Zimt + 200 g Mandeln

1 Zucker, Vanille, Zimt und 100 ml Wasser in einer beschichteten Pfanne verrühren und aufkochen.

2 Mandeln einrühren und unter gelegentlichem Rühren (mit einem Holz- oder Silikonlöffel) kochen lassen, bis das Wasser verdampft ist und die Mandeln vom Zucker umhüllt sind. Das dauert etwa 10 Minuten.

3 Die Mandeln auf einem Bogen Backpapier ausbreiten und schnell voneinander trennen. Warm aufessen.

Tipp: Haselnüsse, Erdnüsse, Pinien- oder Kürbiskerne sind auch gut für das Rezept geeignet.

FANTA GELEEWÜRFEL

Gummibärchen einmal anders, ganz fruchtig und äußerst lecker. Die Würfel sind schon allein wegen der bunten Farben bei Kindern sehr beliebt. Noch attraktiver sieht das Gelee aus, wenn man es mit Keksausstechern aussticht oder in schönen Formen gelieren lässt.

Für 12 Geleewürfel

150 g Aprikosen, entsteint und fein gewürfelt

200 g Pfirsiche, enthäutet, entsteint und fein gewürfelt

2 EL Zitronensaft

abgeriebene Schale von 1/2 Bio-Zitrone

1 Prise Salz

40 g Zucker

50 ml Fanta

4 Blatt Gelatine

1 Alle Zutaten außer der Gelatine in einen Topf geben und aufkochen, 5 Minuten einkochen lassen. Gelatine 5 Minuten in etwas kaltem Wasser einweichen. (Vegetarier können stattdessen auch Agar-Agar nach Packungsanleitung verwenden.)

2 Den Topf vom Herd nehmen und alles pürieren. Die Gelatine ausdrücken und in die heiße Fruchtmasse rühren. Die Masse in eine Kastenform (aus Silikon oder mit Frischhaltefolie ausgelegt) geben und im Kühlschrank 2 Stunden fest werden lassen.

3 Das kalte Fruchtgelee aus der Form nehmen und in regelmäßige Würfel schneiden.

Tipps: Diese Würfel können Sie mit jeder Fruchtsorte oder -mischung machen. Dabei sollten Sie die Zuckermenge je nach Süße der Früchte etwas reduzieren oder erhöhen. Möchten Sie größere oder kleinere Mengen herstellen, kochen Sie einfach Ihre individuelle Fruchtmischung und wiegen Sie die pürierte Menge ab. Als grobe Regel kann man sagen, dass auf 100 g Fruchtmus ein Blatt Gelatine in der heißen Flüssigkeit aufgelöst werden sollte.

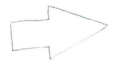

Spieltipp

Tellerspiel

Es werden ganz viele Teller nebeneinander auf den Tisch gestellt. Nun muss jedes Kind versuchen, so viele wie möglich davon lautlos aufeinanderzustellen. Das ist gar nicht so einfach. Die anderen Kinder sind die Schiedsrichter. (Tamara Kunow)

SCHICHTDESSERT

Dieses tolle Dessert kann mit jeder beliebigen Obstsorte gemacht werden und sieht am schönsten in einer hohen Glasschüssel aus. Kinder haben immer gern ihre eigene Portion, daher kann man es am besten in vielen kleinen Schüsseln anrichten.

AMARETTINI-HIMBEER-SCHICHT-DESSERT

Für 4 Portionen   250 g Amarettini, zerbröselt + 500 g Himbeeren, frisch oder tiefgekühlt + 500 g Vanillejoghurt

1 In einer großen Schüssel (oder 4 Dessertschälchen) jeweils 1 Schicht Amarettini, Joghurt und Himbeeren übereinanderschichten.

2 So oft wiederholen, bis alles verbraucht ist.

HIMBEER-SCHOKOLADEN-SCHICHT-DESSERT

Für 4 Portionen   250 ml Sahne + 250 g weiße Schokolade, in Stücke gebrochen + 500 g Himbeeren + 200 g Vollkornbutterkekse, grob zerbröselt

1 Sahne aufkochen, den Topf vom Herd nehmen und die Schokolade darin schmelzen.

2 Schokoladenmasse, Himbeeren und Keksbrösel in einer großen Schüssel oder 4 Dessertschälchen aufeinanderschichten, bis alles verbraucht ist.

Anniks Rezepttipp

FANTA MUFFINS

Muffins sind kleine Kuchen, die toll schmecken und sich ganz leicht und mit viel Fantasie dekorieren lassen. Das macht allen Spaß!

Für 12 Muffins

2 Eier

100 ml Öl

100 ml Fanta

3 EL Sauerrahm (60 g)

150 g Zucker

200 g Mehl

50 g Speisestärke

1/2 TL gemahlene Vanille

1/4 TL Salz

3 TL Backpulver (gestrichen)

80 g sehr weiche Butter

200 g Frischkäse

80 g Puderzucker

Schoko- oder Zuckerstreusel zum Dekorieren

1 Eier, Öl, Fanta und Sauerrahm in einer Schüssel mischen. In einer zweiten Schüssel Zucker, Mehl, Stärke, die Hälfte der Vanille, Salz und Backpulver verrühren. Anschließend beide Mischungen mit dem Schneebesen so kurz wie möglich vermengen, bis ein glatter Teig entsteht. Backofen auf 160 °C Umluft (180 °C Ober-/Unterhitze) vorheizen.

2 Muffinblech (12 Mulden) mit Papierförmchen auslegen und den Teig einfüllen.

3 Blech auf die mittlere Schiene in den vorgeheizten Backofen schieben und die Muffins 30 Minuten backen. Herausnehmen und auskühlen lassen.

4 Für den Belag Butter, Frischkäse, Puderzucker und die restliche Vanille mit dem Handmixer glatt rühren. Es ist sehr wichtig, dass die Butter wirklich weich ist, denn sonst mischt sie sich nicht mit den anderen Zutaten und es bleiben Klümpchen zurück.

5 Den Belag auf den erkalteten Muffins verteilen. Nach Belieben mit Schoko- oder Zuckerstreuseln bestreuen oder mit Früchten belegen.

Tipp: Unter den Teig können je nach Wunsch auch noch 100 g gehackte Nüsse, Mandeln oder Schokolade gerührt werden, ebenso Süßigkeiten wie Mini-Marshmallows, After Eight oder grob zerbröselte Amarettini. Auch 125 g Beeren nach Wahl oder in kleine Würfel geschnittenes Obst machen sich gut im Teig.

Spieltipp

Wartespiel

Es liegt ein Teelöffel weniger auf dem Tisch, als Kinder um ihn herumsitzen. Dann wird eine Geschichte erzählt, in die das Wort »Löffelchen« eingebaut wird. Die Kinder müssen nun nach den Teelöffeln greifen. Wer keinen erwischt hat, scheidet aus. (Tamara Kunow)

ZIMTSCHNECKEN

Monika Kniep und Elisa haben uns ihr Lieblings-Zimtschneckenrezept verraten. Das schmeckt nicht nur zimtig-lecker, sondern sieht auch ganz schneckig aus. Und ein Schuss Fanta gibt die besondere Orangennote.

Für 10–12 Zimtschnecken

500 g Weizenmehl (Type 1050)

25 g Frischhefe (oder 1 Päckchen Trockenhefe)

50 g Rohrzucker

1 TL gemahlener Kardamom

50 g Raps- oder Sonnenblumenöl

250 ml Milch, handwarm

2 EL Öl

2 EL Fanta

3 EL Zucker

1 TL Zimt

1 Mehl, Hefe, Rohrzucker und Kardamom in einer Schüssel mischen. Öl und Milch dazugeben, verrühren und durchkneten. Den Teig 40 Minuten abgedeckt an einem warmen Ort gehen lassen.

2 Den Teig noch einmal durchkneten und etwa 1 cm dick ausrollen. Den Backofen auf 200 °C Umluft (220 °C Ober-/Unterhitze) vorheizen.

3 Für die Füllung Öl, Fanta, Zucker und Zimt miteinander verrühren. Die Mischung auf den Teig streichen.

4 Den Teig mitsamt Füllung aufrollen und in 2 cm dicke Scheiben schneiden. Die Scheiben auf ein mit Backpapier ausgelegtes Blech legen. Noch einmal 30 Minuten gehen lassen.

5 Die Zimtschnecken auf der mittleren Schiene im vorgeheizten Backofen etwa 10 Minuten backen.

REGISTER

A
Amarettini-Himbeer-Schichtdessert 57
Apfelpfannkuchen aus dem Ofen 48

B
Backofenkartoffeln mit Käse-Brokkoli-Sauce 30
Bagels 45
Bohnenpesto 27
Brezeln 44
Brot backen 42 ff.
Brotchips 44
Brot-Grundrezept 42
Bulgursalat 14

C / D
Cornflakes-Mandel-Pralinen 53
Desserts 57

E
Eierbicken 12
Eiswürfelspiel 38
Erdnuss-Suppe 34
Essen mit Hindernissen 26

F
Fanta 4, 26, 49, 54, 58, 60
Fanta Geleewürfel 54
Fanta Muffins 58
Fantasiespiel 34
Figurenraten 46
Fischstäbchen 33
Fleischgerichte 28, 40

G
Gebäck 38, 42 ff., 58, 60
Gebrannte Mandeln 53
Gemüsefrittata 22
Grissini 42
Grünes Hähnchencurry 28

H
Hamburger-Spieße 40
Häppchen-Hüpfen 31
Himbeer-Schokoladen-Schichtdessert 57
Honigpops-Pinien-Pralinen 52
Hot-Dog-Spieße 40

K
Ketchup 41
Küchenchef 16

M
Mini-Quiches 38 f.
Möhren-Quiches 38

N / O
Nudeln 25 ff.
Obstspieße 41

P / Q
Pfannkuchen 46 ff.
Pfannkuchen-Grundrezept 46
Pilz-Quiches 39
Pizzabrötchen 18
Polentaplätzchen 16
Quark-Quiches 38

R / S
Ricotta-Gnocchi 25
Rohkostsalat 33
Salate 14, 33
Salzige Pfannkuchenröllchen 46
Schichtdessert 57
Schmecken 14
Schokolollies 52
Spiele 12, 14, 16, 25 f., 29, 33 f., 38, 40, 46, 52, 54, 58
Spieße 40
Stäbchenessen 33
Stopp! 25
Süßigkeiten 52
Süßigkeiten-Memory 52
Süßkartoffelsuppe mit Birnen 12
Suppen 12, 34
Suppenschalen 45

T
Tellerspiel 54
Tomatensauce 26

V / W
Vegetarisches 16, 22, 25, 27 f., 38, 41, 46, 48
Wartespiel 58
Wassermelonenbowle 49
Workshop, Teilnehmer 6 f.

Z
Zimtschnecken 60
Zucchini-Carbonara-Sauce 26
Zutaten würfeln 40

DORLING KINDERSLEY
London, New York, Melbourne, München und Delhi

Bibliografische Information Der Deutschen Bibliothek
Die Deutsche Bibliothek verzeichnet diese Publikation in der Deutschen Nationalbibliografie; detaillierte bibliografische Daten sind im Internet über http://dnb.ddb.de abrufbar.

© Dorling Kindersley Verlag GmbH, München, 2009

Alle Rechte vorbehalten. Jegliche – auch auszugsweise – Verwertung, Wiedergabe, Vervielfältigung oder Speicherung, ob elektronisch, mechanisch, durch Fotokopie oder Aufzeichnung bedarf der vorherigen schriftlichen Genehmigung durch den Verlag.

Programmleitung: Monika Schlitzer
Projektbetreuung: Elke Homburg
Herstellungsleitung: Dorothee Whittaker

Redaktion und Lektorat: Claudia Krader, München
Art Direktion und Illustrationen: Faktor 3, Hamburg, Nicole Kerth
Layoutrealisation und Satz: avak Publikationsdesign, München
Rezeptberatung und Foodstyling: Monique Laruelle, München

Fanta und die Fanta Splashbottle sind eingetragene Schutzmarken der The Coca-Cola Company.

ISBN 978-3-8310-1632-7

Druck und Bindung: Firmengruppe Appl, Wemding

Besuchen Sie uns im Internet
www.dk.com

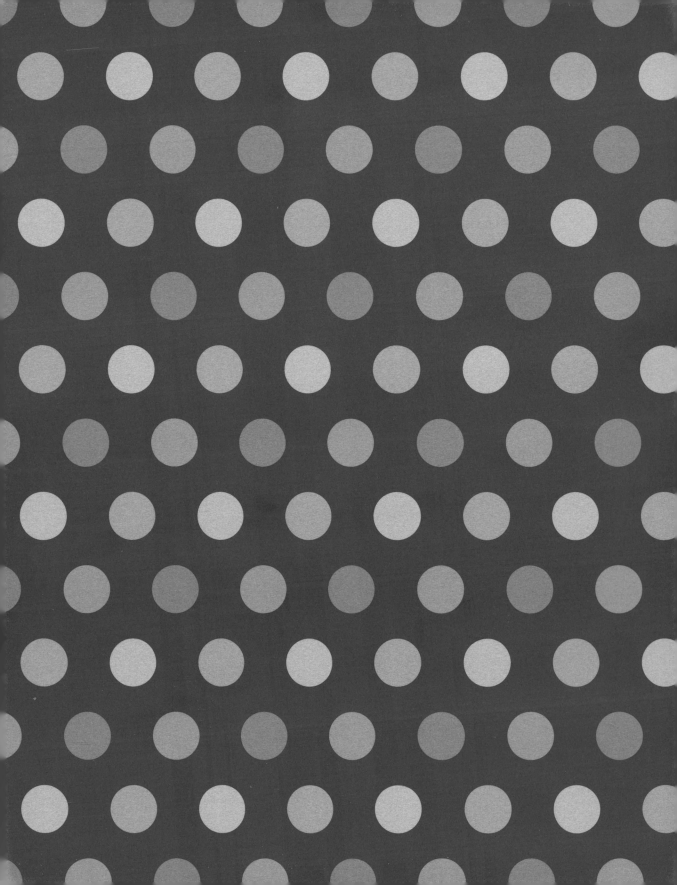